ピンとくる仕事や先輩を見つけたら、巻末のワークシートを記入用に何枚かコピーして、
手もとに置きながら読み進めてみましょう。

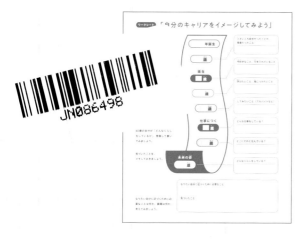
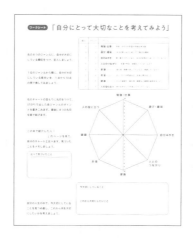

このワークシートは、自分の未来を想像しながら、
自分が今いる場所を確認するための、強力なツールです。

STEP1 から順にこのワークに取り組むと、
「自分の得意なこと」や「大切にしていること」が明確になり、
思わぬ気づきがあるでしょう。

そして、気づいたことや思いついたことは、
何でもメモする習慣をつけるようにしてみてください。

迷ったとき、くじけそうなとき、記入したワークシートやメモをふりかえれば、
きっと、本来の自分を取り戻し、新たな気持ちで前へと進んでいけるでしょう。

さあ、わくわくしながら、自分の未来を想像する旅に出かけましょう。

ボンボヤージュ、よい旅を！

ジブン未来図鑑編集部

ジブン未来図鑑

キャラクター紹介

「食べるのが好き！」
メインキャラクター

ケンタ
KENTA

参謀タイプ。世話好き。
怒るとこわい。食べるのが好き。

「デジタルが好き！」
メインキャラクター

ダイキ
DAIKI

ゲームが得意。アイドルが好き。
集中力がある。

「動物が好き！」
メインキャラクター

アンナ
ANNA

ムードメーカー。友だちが多い。
楽観的だけど心配性。

「おしゃれが好き！」
メインキャラクター

ユウ
YŪ

人見知り。ミステリアス。
独特のセンスを持っている。

「演じるのが好き！」
メインキャラクター

カレン
KAREN

リーダー気質。競争心が強い。
黙っているとかわいい。

職場体験完全ガイド＋

ジブン未来図鑑

JIBUN MIRAI ZUKAN

5

デジタルが好き！

ゲーム
クリエイター

プロダクト
マネージャー

ロボット開発者

データ
サイエンティスト

CONTENTS
ジブン未来図鑑 職場体験完全ガイド＋

MIRAI ZUKAN 01

ゲーム
クリエイター

.... 04

ゲームクリエイター 松井徹哉さんの仕事 06

松井徹哉さんの１日 08

松井徹哉さんをもっと知りたい 10

松井徹哉さんの今までとこれから 12

松井徹哉さんがくらしのなかで大切に思うこと 13

MIRAI ZUKAN 02

プロダクト
マネージャー

.... 14

プロダクトマネージャー 森山大朗さんの仕事 16

森山大朗さんの１日 18

森山大朗さんをもっと知りたい 20

森山大朗さんの今までとこれから 22

森山大朗さんがくらしのなかで大切に思うこと 23

MIRAI ZUKAN 03

ロボット開発者

.... 24

ロボット開発者 林要さんの仕事 ……………………… 26

林要さんの1日 ……………………………………… 28

林要さんをもっと知りたい……………………………… 30

林要さんの今までとこれから…………………………… 32

林要さんがくらしのなかで大切に思うこと…………… 33

MIRAI ZUKAN 04

データ サイエンティスト

.... 34

データサイエンティスト 松本健太郎さんの仕事 ……… 36

松本健太郎さんの1日 ………………………………… 38

松本健太郎さんをもっと知りたい…………………… 40

松本健太郎さんの今までとこれから………………… 42

松本健太郎さんがくらしのなかで大切に思うこと……… 43

ジブン未来図鑑 番外編

「デジタルが好き！」な人にオススメの仕事…………… 44

プロゲーマー／ゲームグラフィックデザイナー…44　CGデザイナー／システムエンジニア／ウェブデザイナー／ウェブプランナー…45

プログラマー／アプリ開発者／AI研究者／セキュリティエンジニア…46　ネットワークエンジニア／OA機器インストラクター…47

GAME CREATER

ゲーム
クリエイター

ゲームって
どうやって
つくるの？

？

毎日
ゲームが
できるの？

？

どんな人が
かかわって
いるの？

？

どんな技術が
必要なの？

？

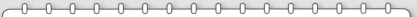

ゲームクリエイターって どんなお仕事？

　ゲームクリエイターは、コンピューターゲームのソフトやアプリケーションをつくることが仕事です。一口にゲームクリエイターといってもさまざまな役割があり、ゲーム開発を管理、指揮するプロデューサーやディレクター、企画を立てるプランナー、シナリオをつくるシナリオライター、ビジュアルをつくるデザイナー、ゲームのプログラムをするプログラマーなど、一つのゲームをつくるために、多くのクリエイターがかかわります。それぞれの役割の人が、専門的な知識や技術を使って、協力しながらゲームをつくっていきます。ゲームメーカーか、ゲームメーカーから依頼を受けてゲームをつくる制作会社に所属しますが、フリーで活動する人もいます。

給与
（※目安）

20 万円
くらい〜

　仕事内容や技術などによって差があります。大手のゲーム会社だと高い傾向です。実力を身につけ、プロデューサーなどになると高収入も期待できます。

※既刊シリーズの取材・調査に基づく

ゲームクリエイターに なるために

ステップ 1　学校でゲームに関する技術や知識を勉強する

大学や短大、専門学校などで、制作に必要なグラフィックやプログラミングなどを学ぶ。

ステップ 2　ゲームメーカーや制作会社に就職する

開発部門の採用試験を受ける。ゲームメーカーの場合、部門ごとに採用してない会社も。

ステップ 3　経験を積む

経験や実績を積むとプロデューサーなどゲーム制作全体にかかわる仕事につくことも。

こんな人が向いている！

ゲームが好きな人。
おもしろいことが好きな人。
探求心がある人。
人とかかわるのが好きな人。
協力する作業が好きな人。

もっと知りたい

　ゲームクリエイターになるために特別な資格は必要ありませんが、デザイナーになりたいならCGグラフィック、プログラマーならプログラミングができると就職に有利です。専門学校のほか、最近ではゲーム制作の学科がある大学もあります。

社内の人たちに、新しく制作したゲームについて、プレゼンテーションを行います。

ゲームクリエイター 松井徹哉さんの仕事

今はまだ存在しないけれど みんながほしがるゲームをつくる

　松井さんは、ゲームの開発や販売などを行うコナミデジタルエンタテインメントのゲームクリエイターです。人気の野球ゲーム「実況パワフルプロ野球（パワプロ）」シリーズのプロデューサーをしています。

　ゲーム制作には、制作を進める現場の監督をするディレクターや、ゲームの企画を考えるプランナー、ゲームの画面をつくるグラフィックデザイナー、設定どおり動くようにするプログラマーなど、時には100

人をこえるスタッフがかかわります。プロデューサーは、そうしたスタッフをとりまとめ、ゲーム制作を統括する、いわば総監督の役割です。

　松井さんがつくりたいゲームは、お客さまが今ほしいと思っているものよりも、「今はまだないけれど、もしあったら絶対ほしがりそうなもの」です。そのために、松井さんは、新しいゲームをつくるとき、はじめにたくさんの人たちと話をします。話す相手は、社内の人たちだけではなく、自分の家族や友人、日々の仕事やプライベートで知り合った人など、ゲームに興味のあるなしにかかわらず、さまざまな職業や年齢の

人たちです。そうした人たちと意見を交わしながら、今世の中ではどんなものが人気なのか、これからどんなものが流行するのかを考えていきます。また、調査会社などに依頼して大規模なアンケートを行うこともあります。

こうしたなかで考えたことが、どんなサービスなら実現できそうなのか（たとえば、家庭用ゲーム機のソフトにするのか、携帯用のアプリにするのかなど）、制作部門や販売部門のメンバーと、話し合いを重ねます。松井さんは、話し合いで出てきたアイデアをとりまとめて、新しいゲームとして制作するかどうかを判断し、決定します。

制作することを決めたら、ゲームの内容がわかる企画書や、制作費用、売り上げの見込みなどをまとめた計画書をつくり、ディレクターやシナリオライター、デザイナー、プログラマーなど、制作に必要なスタッフの人選を行います。そして、会社の上層部や制作にかかわってもらうスタッフに、どんなゲームなのか、お客さまにとってどこが魅力なのかなど、企画の内容を説明し、納得してもらいます。

ゲーム制作には多くの人がかかわります。そのため、最初にしっかりと説明し、かかわる人をみな「同じ考えをもった仲間」にすることが、プロデューサーの大切な仕事なのです。

どんなゲームにしていくのがよいか、ディレクターやプランナーなど制作メンバーと何度も話し合います。

野球場に訪れて、実際の様子を確認しているところです。現場で得た情報を取り入れ、臨場感のあるゲームづくりにいかします。

制作がはじまると プロデューサーは調整役に徹する

ゲームの制作がはじまると、実際の開発作業は、現場をとりしきるディレクターをはじめとする制作スタッフによって進められます。制作にプロデューサーが直接かかわることはあまりありません。この段階での松井さんの仕事は、「どろくさい裏方作業」や「なんでも屋」で、スタッフが問題なく作業を進められるようにさまざまな手配をすることです。

たとえば、デザイナーから「こんなソフトがあればきれいな絵がつくれる」という意見があれば、開発に間に合うようにソフトを調達します。制作スタッフから球場やルール変更の詳細なデータがほしいと要望があれば、球場に取材に出かけて確認します。また、人手が足りなくなった場合に増員したり、開発費用が予想よりもふえた場合には、コストダウンや開発費用の増額を検討したりもします。

ゲームが完成に近づくと、販売部門と宣伝方法などを話し合います。制作発表やテレビコマーシャルなどをどのように行うのかなど、プロモーションの企画も考えます。ゲーム雑誌に記事の掲載を手配することもあります。こうして、制作から販売までスムーズに進むよう調整を重ねていきます。

松井徹哉さんの1日

ゲームの企画段階と制作段階で仕事が異なります。制作を進めているある1日を見てみましょう。

制作を進めているゲームについて、進行状況などを確認します。

7:00	8:00	9:15
起床	出社	朝礼

24:00	19:30
就寝	夕食・映画鑑賞

夕食を食べたあとは、趣味の映画鑑賞を楽しみます。

13:00

制作部門の各リーダーから、それぞれの状況の報告を受けます。

制作の進行状況を幹部に報告したり、新しい企画についての相談をしたりします。

キャラクターデザインや仕様書を見ながら、プログラマーやデザイナーと意見を交わします。

9:30
各リーダーと朝礼

10:00
幹部と打ち合わせ

11:45
昼食

13:00
制作と打ち合わせ

18:00
退社

16:00
宣伝と打ち合わせ

15:00
出版社と打ち合わせ

14:00
ゲームで遊ぶ

宣伝部門のメンバーと、新しいゲームのプロモーションについて、どのように行うのかを話し合います。

新しいゲームの紹介記事について、編集者に情報を提供したり、記事の内容について相談をしたりします。

企画を考えたり、ふくらませたりするために、社員同士でゲームをします。

15:00

INTERVIEW インタビュー

松井徹哉さんをもっと

**ゲームクリエイターに
なろうと思ったきっかけは?**

じつは、子どものころからゲームが好きだったというわけではありません。そもそも、わたしが子どものころ、家にはゲーム機というものがありませんでした。ゲームは友だちの家でたまにやるくらいで、子どものころから好きだったのは映画でした。映画ばかり見ている子どもでしたね。

そんなわたしがゲーム会社に就職したのは、得意だった絵をいかして、デザイナーの仕事がしたかったからです。当時、はっきりとデザイナーという職種を募集していたのがゲーム会社でした。そこで、ゲーム会社に就職するためにゲームをやりはじめたのです。

ちょうどそのころ、まるで自分の好きな映画のように、グラフィックのすばらしいゲームの名作がたくさん出てきたので、すっかりゲームの魅力にはまってしまいました。

**ゲームをつくるときに
大変なことはなんですか?**

ゲームの制作は、大勢のスタッフで一つのものをつくり上げていく仕事です。制作にかかわるスタッフはそれぞれ自分だけのこだわりをもっていて、おもしろいと思うポイントもそれぞれです。それは、たとえば100人のスタッフがいれば、100種類のおもしろいゲームをつくることができるということです。

そうしたなかで、プロデューサーとしては、そのどれか一つを正しいものとして選んで、スタッフみんなをその方向に全力で引っぱっていく必要があります。それをするためには、スタッフみんなに自分のことを信頼してもらわないといけません。そこが大変なところで、スタッフと信頼をきずけるよう日々努力しています。

**ゲームをつくっていて
うれしいことややりがいは?**

自分がかかわったゲームを、たくさんの人がプレイしてくれるのはもちろん、「おもしろい!」「このゲームが好き!」といった声がとどくと、とてもうれしいですし、やりがいにつながっています。

とくに最近は、SNSなどで多くの人がゲームについて発信をしてくれていて、そういった声がとどきやすくなっています。そういう声や評価を見て、いっしょにゲームをつくった仲間たちと喜びを共有するのもうれしいことです。

**今までに印象に残った
できごとを教えてください。**

現在、わたしたちのつくっている「実況パワフルプロ野球」を使用して、日本野球機構と共同でeスポー

知りたい

ツの大会「eBASEBALL プロリーグ」を開催していま
す。わたしも運営に参加して、会場で試合を見ていた
のですが、試合が進むなかで、eスポーツのプロのプ
レイヤーのみなさんが、負けたときや勝ったときに流
した、美しい涙をたくさん見ました。その涙がものす
ごく印象に残っています。

　自分たちのつくっているゲームが、ここまで人を真
剣にさせ、心を動かすことができるのだと実感できて、
よい経験になりました。

ダイキからの質問

いろいろなゲームを
していたほうがいいの？

　人にもよりますが、子どものころからとにかくたく
さんのゲームをしていないといけない、ということは
ないと思います。実際、わたしも子どものころはあま
りゲームをやっていませんでした。どちらかといえば、
ゲームに限らず、漫画でも、アニメでも、映画や運動
でも、深く興味をもっていろいろなことに触れること
が大切です。

　そして、興味をもったそれらのことが、どうしてお
もしろいのか、どうしてかっこいいと思うのか、逆に
おもしろくなかったり、かっこ悪いと思ったときも、
なぜなのかをつきつめて考えるくせをつけることが、
ゲームクリエイターになったときに役に立つのではな
いかと思います。

わたしの仕事道具

スマートフォン

アイデアのメモや情報収集、スケジュールの
管理など、仕事に使うほか、ゲームや買い物
など生活の多くの部分で使うので、肌身はな
さず持っています。「eBASEBALL プロリーグ」
の実力認定証を待ち受け画面にしています。

みなさんへの
メッセージ

自分がつくったゲームが人を楽しませるの
を見ると、それをつくった自分と仲間たち
に誇りを感じます。そんな気持ちを味わい
たいと思う人は、ぜひゲームクリエイター
をめざしてみてください。

プロフィール

1972年、大阪府生まれ。大学では芸術学科で絵画を学びました。大学卒業後は「コナミデジタルエンタテインメント」にデザイナーとして入社。ゲームのデザインを中心に、制作、企画、技術、イベントなどの指揮や管理を行ってきました。現在は「実況パワフルプロ野球」のゲームプロデューサーをつとめています。

1972年誕生

6歳
映画「スターウォーズ」第1作のおもしろさに衝撃を受け、映画ばかり見るようになる。

10歳
引っ越しをして、転校した小学校で、映画や音楽の話が合う友人ができ、今もつきあいが続いている。

今につながる
転機

22歳
大学の芸術学科に進学。好きな絵を学び、それをいかすことができるゲーム会社のデザイナー職に応募し合格した。

入社1年目で自分よりおもしろいことを考える上司や、絵の上手な先輩がいて自信を失う。

23歳

デザインを中心に、ゲームの制作や企画など、経験を重ね、プロデューサーに任命される。

32歳
東京勤務となり、生まれてはじめて大阪以外に住んだことでいろいろな価値観が変わった。

41歳

現 在

プロデューサーとしてゲーム制作の指揮をしている。なんでもこなさなくてはいけないので、今までやってきたすべてのことが仕事の役に立っている。

49歳

未来

75歳
映画や音楽、漫画など、個人の作品を、仕事としてではなく完成させて発表したい。

松井徹哉さんがくらしのなかで大切に思うこと

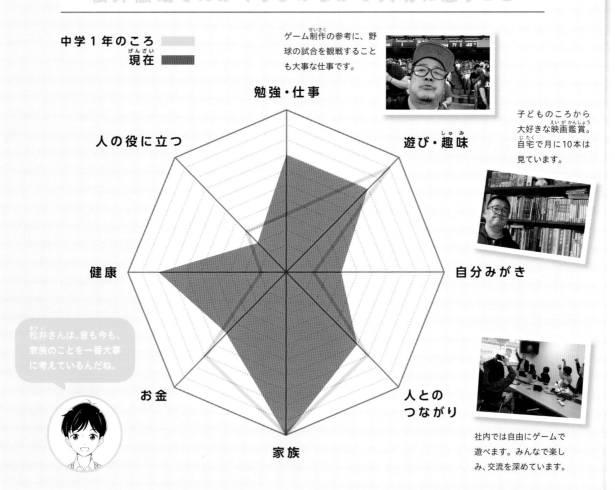

中学1年のころ
現在

ゲーム制作の参考に、野球の試合を観戦することも大事な仕事です。

子どものころから大好きな映画鑑賞。自宅で月に10本は見ています。

社内では自由にゲームで遊べます。みんなで楽しみ、交流を深めています。

勉強・仕事
遊び・趣味
自分みがき
人とのつながり
家族
お金
健康
人の役に立つ

松井さんは、昔も今も、家族のことを一番大事に考えているんだね。

松井徹哉さんが考えていること

どんどん発展していく世界で「もっとおもしろい」を実現する

日本で最初の家庭用テレビゲームが発売されたのは、1970年代のこと。ビジュアルもゲームの内容も、とても素朴なものでした。それから50年ほどたった現在では、グラフィック技術もプログラミング技術も発展し、美しいグラフィックに複雑な内容のゲームが世の中にあふれるようになりました。そして、

今なおゲーム制作の世界は発展を続けています。

みなさんがゲームをしていて、「こうしたらもっとおもしろくなるのに！」と思っていることは、おそらくこの先、ほぼ実現します。制作の場にいるわたしたちは、だれよりも早く実現を体験できますが、体験するために、ゲームに限らず、さまざまなことに興味をもち、どんなものがおもしろいと思われそうか、つねにアンテナをはってキャッチできるようにしないといけないと思っています。

プロダクト マネージャー

「プロダクト」って？

アプリは1人でもつくれるの？

プロダクトマネージャーって何するの？

どんな勉強が必要？

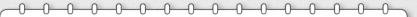

プロダクトマネージャーって どんなお仕事？

「プロダクト」には、製品・商品といった意味がふくまれていて、企業が提供している製品やサービスのすべてがプロダクトです。プロダクトマネージャーは、それぞれの会社の経営方針や、どんな商品を売っていきたいかという戦略にもとづき、プロダクトの開発計画を立て、管理・運営を行う製品開発責任者です。近年は、主にIT企業やベンチャー企業を中心に多く見られる役職で、まだ新しい職種といえます。

　企画の立案だけでなく、製品やサービスを利用しているお客さまの満足度を上げ、継続的に使ってもらうための方法を考えることも大切です。多くの人に長くサービスを利用してもらうことができれば、たくさんの利益を生み出すことができます。

給与
（※目安）

50万円
くらい～

　業界によって大きく給与が異なります。なかでも、IT企業のプロダクトマネージャーの年収は、1,000万円をこえることも多く、平均年収も高いといえます。

※既刊シリーズの取材・調査に基づく

プロダクトマネージャー になるために

ステップ①　プログラミングを勉強する

大学や専門学校で、アプリを開発するソフトウェアエンジニアとして必要な知識を学ぶ。

ステップ②　アプリやサービスを開発する

個人で開発したり、就職した会社などでチームで開発したりして、経験を積む。

ステップ③　サービスの開発の責任者となる

プロダクトの成功に責任を負い、開発チームをリードする。

こんな人が向いている！

人とコミュニケーションをとるのが好き。
好奇心が強い。
物事を追求するのが好き。
流行をいち早く取り入れる。

もっと知りたい

　資格は必要ありませんが、サービスの開発を進めるのに必要な技術を身につけるため、エンジニアの経験が欠かせません。また、コンピューター活用全般をあつかう学問である「コンピューターサイエンス」の学位があるとキャリアアップに有利です。

プロダクトマネージャー
森山大朗さんの仕事

サービスの改善点や仕組みを図で表し、チームのメンバーと共有します。

製品の開発や管理に責任を負う「ミニCEO」として

　森山さんは、スマートニュースという会社でプロダクトマネージャーをしています。スマートニュースでは、会社と同じ名前のスマートフォン用のニュースアプリ「スマートニュース」を提供しており、こうしたアプリ・ウェブサービスがこの会社の「プロダクト（商品）」です。

　「スマートニュース」は、主にニュース記事を読むことができるアプリですが、ほかにも天気予報を見る

ことができたり、お店で使用できるクーポンを提供したり、広告が表示されたりするなど、さまざまなプロダクトや機能で成り立っています。それぞれのプロダクトに開発チームがあり、森山さんたちプロダクトマネージャーは各開発チームの責任者です。プロダクトマネージャーは、「ミニCEO（小さな最高経営責任者）」ともよばれ、それぞれのプロダクトの開発や管理、マーケティングを進めるために重要な役割を担います。

　アプリを運営していくためには、多くの人に長くアプリを利用してもらわなくてはなりません。そのためには、世の中の変化に合わせ、お客さま（ユーザー）

16

にとってより便利なアプリへと成長させていくことが大切です。森山さんたちプロダクトマネージャーはまず、自分の担当するプロダクトや機能のなかで、ユーザーが望んでいることや、工夫できるポイントを見つけ、どんな風に改善をしていけばいいのかを考えます。

「こうしたらもっと便利になる」という発想を形にする

　森山さんは、主に広告や検索機能の開発チームを率いて、プロダクトや機能の開発や改善を行っています。たとえば、表示される広告に関して「各ユーザーの興味に合った広告が出るように、精度を上げたい」と思いつくと、どうすればそれができるか図にするなどして考えをまとめます。そして開発チームの人たちと技術的に可能かどうかを相談しながら、実現するための構想をねっていきます。その概要や改善するための方法を企画書にまとめたら、ほかのプロダクトマネージャーとも共有して、実際の開発にうつります。

　開発チームには、プログラミングを行うエンジニアや、画面をデザインするデザイナー、PRを行う担当者など、さまざまな役割をもった人がいます。また、必要に応じて外部の専門機関とも協力します。こうしたチームのメンバーをまとめ、開発が進むようそれぞ

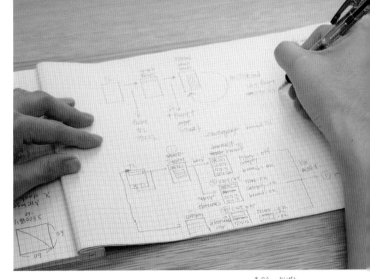

スケッチブックに、思いついたアイデアや、プロダクトや機能を改善するための構想を書き出し、これをもとに企画書を作成します。

れに指示を出すことも森山さんの役割です。

　改善されたプロダクトや機能は、じっさいにアプリで運用してみて、ユーザーの反応を見ます。ここで重要になるのはデータです。広告であれば、改善された機能を使った場合と、使っていない場合で、広告がクリックされた数を見ます。数値に差が出れば、改善の効果が出たことになりますが、差が出なければそれほど効果がなかったということになります。プロダクトマネージャーは、こうしたさまざまなデータに基づき、次はどんな工夫や改善をすればいいのかを考え、ふたたび実行にうつしていきます。

　すでに運用されているものの改善だけではなく、一からプロダクトや機能をつくることもあります。たとえば、「スマートニュース」のプロダクトの一つである「雨雲レーダー」は、「アプリのなかで気軽に天気の状態を知ることができれば、よりユーザーの生活が便利になるのでは」という考えから、新たに加えられたものです。ほかにも、新型コロナウイルスの流行に際しては、感染者数をわかりやすく表記したページをつくり、ユーザーの最寄りのワクチンの接種会場を表示するサービスも追加しました。こうしたプロダクトや機能は、森山さんたちプロダクトマネージャーの「こうしたら便利なのではないか」という発想から生まれたものなのです。

リモートでの作業が多いので、カフェなど自由に場所を移動して企画書をまとめるなどの仕事をしています。

9:00

TAIRŌ'S 1DAY

森山大朗
もりやまたいろう
さんの

1日

つねにミーティングが3、4件は
入っている森山さんの1日を見て
みましょう。

仕事に行く前にカ
フェでコーヒーを
飲んで、頭をすっ
きりさせます。

8:30
起床
き しょう

9:00
カフェ

24:00
就寝
しゅうしん

22:30
読書・調べ物

19:00
帰宅・夕食
き たく

18:00
退社
たいしゃ

本や雑誌などさまざ
ざっし
まなメディアにふれ
ることで、考えをふ
くらませます。

11:00

オフィスで仕事をはじめます。パソコン作業が多く、日によって作業場所を変えることもあります。

チームのメンバーで、仕事の進行状況などを共有するミーティングを行います。

海外の部署ともオンラインでミーティングを行い、会社全体の方針を共有します。

10:00
出社・仕事開始

11:00
チームミーティング

12:00
昼食

13:00
全社ミーティング

17:00
企画書の作成

16:00
ミーティング

15:00
データ分析

14:00
企画書の作成

ほかの開発チームとオンラインでミーティングを行い、情報を共有します。

プロダクトへのアクセス状況などのデータを分析し、顧客満足度を調べます。

どのようにプロダクトや機能を改良していけばよいか、企画書にまとめます。

16:00

15:00

森山大朗さん をもっと

子どものころどんなことに興味がありましたか？

物事の仕組みを考えることが好きで、不思議に思ったことは熱心に調べるなど、構造を解き明かすことが楽しいと感じる子どもでした。

たとえば、ぼくは電車が好きだったので、線路が分岐するスイッチングの仕組みや、どうして線路の上を電車が走ることができるのかといった理屈を考えていました。実家が箱根にあって、よく見かける新幹線も興味の対象でしたね。新幹線は普通の電車とちがって運転席が車内から見えないんです。なので、運転手の席はどこにあるのかを予想して、それを図にかいたりしていました。実際の運転席は、ぼくが予想していたのとあまりちがいがなくて、それがわかったときはうれしかったです。

こういう、物事の仕組みを考えて分析することは、じつはプロダクトマネージャーの仕事でとても大切なことなんです。子どものころの習慣が、今の職業にもいきているのかもしれませんね。

なぜプロダクトマネージャーになったのですか？

社会人3年目くらいのとき、サービスの開発に興味をもち、インターネットの仕組みを知りたくてプログラミングを学びはじめました。まだプログラミングが今ほど一般的ではなかったので、独学で勉強しました。当時はプロダクトマネージャーという職業もまだなかったので独学で得た知識をもとに自作のサービスをリリースし、それが多くの人の目にとまったことをきっかけにIT業界ではたらくようになりました。そこで経験を積むことで、プロダクトマネージャーとして企業にもとめられるようになりました。

この仕事をしていて大変なことはありますか？

変化の速度が速いため、一度学んだことでもその都度学び直していかなくてはならないのは、少し大変かもしれません。とくに、IT業界は変化の最先端にいるので、その時々でもとめられることも大きく変わります。変化というと、グローバル化が進んだことで、社内でもたくさんの外国人の方がはたらいていますし、海外のエンジニアとの交流も増えましたね。スマートニュースは日本だけではなく、海外にも会社があります。海外のスタッフとコミュニケーションをとるには語学力も必要です。必要に応じて、さまざまなことを学び、身につけていくことは大切ですね。

この仕事のおもしろいところはどんな部分ですか？

自分で「こうしたらおもしろいかもしれない」「売

知りたい

れるかもしれない」と考え、形にしたものを、世の中に投げかけることができるというのがおもしろさの一つだと思います。ただ、どのくらいの人が利用してくれているかということが、データとして明確に見えるため、リリースしたものが一瞬でダメだったとわかることもありますね。逆に、革新的なサービスとして一気に人気になることもあります。

　新しいサービスをつくると、喜んでくれる人がいる反面、今までにない仕組みに、とまどいや批判的な声が上がることもあります。でも、ぼくはものづくりにたずさわるうえで、せっかく出したサービスがだれの目にも止まらずに消えてしまうより、よくも悪くも話題になってくれるほうがうれしいし、そのほうがやったかいがあると思っています。

ダイキからの質問

アプリって何人くらいでつくるの？

　ものにもよりますが、優秀なエンジニアであれば1人でもつくることができます。シンプルな構造のものなら、プログラミングの知識があれば子どもでもアプリをつくることはできますし、ライセンスを購入するなどの手続きをふむことで、全世界に配信することも可能です。ただ、メンテナンスを行い、実用性のあるものとしてアップデートしていくには、チームを組織して運営していく必要があります。

わたしの仕事道具

森山さんは、頭のなかにうかんだことや、思いついたアイデアを、スケッチブックにその場でかきとめています。見た目と使いやすさが気に入り、何年も同じメーカーの同じ製品を愛用しています。

みなさんへのメッセージ

好きなことをつきつめるだけじゃなく、"つくり手"になる意識が大切です。たとえばゲームが好きなら、遊ぶだけじゃなく「これをつくるにはどうしたらいいのだろう？」ということも考えてみましょう。

森山大朗さんの今までとこれから

プロフィール

1978年、神奈川県生まれ。早稲田大学商学部卒業後、人事や営業職を経てエンジニアに。「ビズリーチ」の求人検索エンジンの開発や、「メルカリ」でのAIを用いた新機能の開発などを行い、現在は「スマートニュース」でプロダクトマネージャーとして活躍。2021年に初の著書『Work in Tech! ユニコーン企業への招待』(扶桑社)を出版。

1978年誕生

5歳
電車が好きだったため、将来の夢は新幹線かロマンスカーの運転士だった。

19歳
目標としていた早稲田大学へ入学し、学業にはげむ。

23歳
「リクルート」に就職し、人事や営業を経験したあと、インターネットの仕組みをもっと知りたいと考え退職。

今につながる転機

35歳
いくつかの会社ではたらきながら、プログラミングを学んでエンジニアとなり、35歳ではじめて独自のサービスを世の中にリリースする。

38歳
2人の娘にめぐまれ、38歳から「メルカリ」で仕事をはじめる。このころ英語力をきたえるようになる。

41歳
「スマートニュース」でプロダクトマネージャーとしてアプリ開発にたずさわる。

現在

43歳
プロダクトマネージャーとして活躍するかたわら、自分の本を出版するという長年の夢がかなう。

未来

50歳
日本から世界的な企業を生み出したい。

森山大朗さんがくらしのなかで大切に思うこと
もりやまたいろう

中学1年のころ （薄い色）
現在 げんざい （濃い色）

つねに情報を収集して、
じょうほう しゅうしゅう
世間の流行やさまざまな
ニーズをつかみ、開発や
改善にいかします。
かいぜん

勉強・仕事

人の役に立つ

遊び・趣味
しゅみ

本を読み、さまざまな
情報を知ることでイマ
じょうほう
ジネーションをふくら
ませています。

健康

自分みがき

分析や実験が好きな森山
ぶんせき
さんは、アプリ開発を通
して自分の好きなことが
できているんだね。

お金

**人との
つながり**

家族

イタリア料理店でアルバイトをし
た経験があり、家族に得意料理の
けいけん   とくい
パスタをつくることもあります。

森山大朗さんが考えていること
もりやまたいろう

未来の世界を思いえがき
妄想するクセをつけることが大事
もうそう

　5年後、10年後に、世界がどう変わっているの
かを妄想するようにしています。たとえば、10年
もうそう
後もぼくたちはスマートフォンをいじっているので
しょうか？　10年後も変わらなければ、今の仕事
を続けていて安泰かもしれませんが、ぼくはそんな
あんたい
気がしないんです。この数年のうちに、メガネのレ

ンズに動画や画像、文字などを映すことができる
がぞう   うつ
「ARグラス」が登場すると考えられています。
　そうした新しい装置が当たり前に使われるように
そうち
なったとき、世界の人びとのはたらきかたや、くら
しは大きく変わるはずです。こうした未来を想像す
そうぞう
ることで、将来どんなサービスがもとめられるかを
しょうらい
イメージすることもできます。空想力はこの仕事の
くうそうりょく
重要な要素なので、映画や小説などのメディアにふ
ようそ   えいが
れて、思いえがく力を養っていくことも大切ですね。
やしな

ROBOT DEVELOPER

ロボット開発者

ロボットって
どうやって
つくるの？

どのくらいお金が
かかるの？

デザインは
どうやって
決めるの？

人間みたいな
ロボットが
いつかできる？

ロボット開発者ってどんなお仕事？

ロボット開発者は、社会や人々にとって必要なロボットとは何かを考えて企画し、チームで協力してロボットを開発・改善していく仕事です。今、社会のあらゆる場面でロボットを必要とする人が増え、さらなる発展が期待されている分野です。

ロボットには、工場ではたらく産業用ロボットや、手術を支援する医療ロボット、お店やホテルなどで接客サービスをするロボット、家庭で活躍するロボット掃除機や、いやし効果のあるロボットなど、さまざまな種類があります。ロボット開発を専門的に行うロボットメーカーやロボット研究所のほか、機械メーカーや自動車メーカーに就職してロボット開発にたずさわるなど、はたらきかたもさまざまです。

給与
（目安）

30 万円
くらい～

最先端の科学技術や知識など、専門性の高い職種のため、給与は平均よりも高め。新しいロボットの開発に成功すれば、高い収入が得られることもあります。

※既刊シリーズの取材・調査に基づく

ロボット開発者に なるために

ステップ 1 大学や専門学校で 専門知識を学ぶ

主に工学系、理数系の専門学校や大学・大学院などで、幅広い知識や技術を身につける。

ステップ 2 企業や研究所に 就職する

ロボット開発を手がける企業や研究所などで経験を積む。

ステップ 3 ロボットを開発する

つねに新しい技術や知識を取り入れながら、ロボットの開発や改善にたずさわる。

こんな人が向いている！

ものをつくるのが好き。
一つのことに夢中になれる。
人や生き物に興味がある。
なぜ？どうして？を考える。
新しいことが好き。

もっと知りたい

ロボット開発に必要な免許や資格はありませんが、プログラミングや工学など高度な専門知識や技術、そして語学力も必要です。「情報処理技術者試験」や、設計や製図に関する「CAD利用技術者試験」などの試験に合格していると強みになります。

LOVOTの動作や服などをチェックする林さん。自分自身の目で見て、感じたことを改善点に加えていきます。

人に寄りそう家族のような
ロボットをめざす

　林さんは家族型ロボット「LOVOT（らぼっと）」を生み出したロボット開発者です。LOVOTは「LOVE（愛）」と「ROBOT」をあわせた造語で、「人に寄りそい、人の愛する力を育む、家族のようなロボット」をめざして開発されました。名前をよぶと近づいてだっこをもとめる、大きな目でじっと見つめてまばたきをする、人間の赤ちゃんほどの重さでほんのり温かいなど、生きているようなかわいらしさが人気です。

　林さんはロボットを開発するため、2015年にGROOVE Xという会社を立ち上げました。どのようなロボットをつくるか計画を立て、資金や開発メンバーを集め、約3年かけてLOVOTを開発しました。2019年8月から一般発売がスタートしましたが、その後もお客さま（オーナー）の要望や最新のソフトウェアなどを取り入れながら、改善し続けています。

　LOVOTの開発は新しい分野なので、仕事のやり方が確立されていません。たとえば、動きに不具合があったとき、ハードウェア（本体）とソフトウェア（中身）どちらの問題なのかわからなかったり、あるいは

両方から改善できたりします。そのため、林さんの会社では、役割分担をあまり細かくせず、仕事の優先順位を決める人、問題解決をする人、人材をマネジメントする人と大まかに分けて、柔軟に進めています。

林さんの主な仕事はLOVOTの課題を洗い出し、開発（改善）方針や仕事の優先順位を決めることです。たとえば「LOVOTをもっとかわいくしよう」としたとき、目のデザインをかわいくするのか、ふるまいや反応をかわいくするのかなど、さまざまな要素があります。林さんはどの部分を改善してかわいさに結びつけるかの案を出し、取り組む順番を決めていきます。そのあとは、エンジニアが、具体的な解決の方法を自ら考えて決め、開発していきます。

林さんは、LOVOTをよりよくしていくため、日々、LOVOTの開発に必要な部品を調達するための議論や、改善した試作品のチェック（評価）、LOVOTを製造するファクトリー（工場）とのやりとりなど、たくさんのミーティングをこなしています。

オーナーの本当のニーズを探り LOVOTを改善する

LOVOTの企画から開発、販売まで、すべてをGROOVE X社が行っています。LOVOTに不具合が

毎日のように、社内のさまざまなチームや、プロジェクトを共同で進めているパートナー企業と打ち合わせを行います。

LOVOTや会社のことを広く知ってもらうために、テレビや新聞、雑誌などからいろいろな取材を受けたり、講演会を行ったりします。

あった場合も、「LOVOT病院」とよぶ修理工場で入院・治療（修理）をするなど、メンテナンスもすべて自社で企画・運営しているため、直接オーナーの声が聞けることが強みとなっています。ほかにも、オーナーが加入するオフィシャルサポーターズクラブや、自社で配信するLOVOTのユーチューブライブのコメント、アンケートなどから、オーナーの声が集まります。

林さんはこうして集めた声から、オーナーが本当にもとめていること（ニーズ）を探ります。これはとてもむずかしいことです。どんなロボットがほしいかとたずねて「便利で役に立つロボットがほしい」という答えが返ってきたとしても、それが本当のニーズとはかぎりません。たとえば動物のペットは、便利なわけではなくお金もかかりますが、それでも飼いたい人はたくさんいます。さらに、具体的にペットにもとめることを聞けば、ふわふわの手ざわりだったり、甘えてくるところだったり、えさをあげて喜ぶところだったり、人それぞれです。それはその動物だからこそで、同じ機能をもつロボットをつくるだけでオーナーが満足するとはかぎらないのです。

林さんは人間とロボットが共生する未来をつくっていくうえで、人が意識の表面で感じていることの奥にある本当のニーズを探ることを大切にして、もとめられるLOVOTにするために改善を重ねているのです。

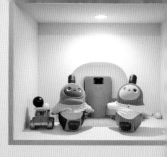

林要さんの1日
はやしかなめ

社内外のさまざまなチームとミーティングを行い、合間に取材なども入る1日を見てみましょう。

> デスクワークが多いので、運動不足を解消するために近所のジムに通っています。

7:00	7:30	9:00
起床 きしょう	ジム	シャワー・着がえ きがえ

24:00	21:00
就寝 しゅうしん	退社・夕食 たいしゃ

> 仕事が終わる時間は日によってバラバラ。夕食は帰宅の途中に食べることが多いです。
> きたく とちゅう

13:00

始業時間になると、オンラインで朝のミーティング（朝会）を15分ほど行って、経営会議に移ります。

LOVOTの製造の課題について、オンラインでファクトリーと打ち合わせをします。

オーナーの声を集めるカスタマーサポートチーム、開発の方針などを決めるプロダクトオーナーチームとそれぞれ打ち合わせをします。

10:00	11:15	12:00	13:00
朝会・経営会議	ミーティング	昼食・会社へ	出社・ミーティング

19:00	17:00	15:30	14:30
メール確認・資料づくり	ミーティング	取材・休憩	ミーティング

ミーティングがひと通り終わったら、メールの確認や講演会の資料づくりをします。

LOVOTの評価や、生産計画・部品の調達などについて、それぞれ30分ほど打ち合わせをします。

取材を終えたら休憩をとります。健康のため、1日2回、プロテインを飲んでいます。

仕事上で協力しあうパートナー企業と、打ち合わせをします。

19:00　　15:30

林要さんをもっと

なぜLOVOTの開発をしようと思ったのですか？

子どものころから車が好きで、「車をつくりたい」と思い、トヨタ自動車に入社しました。夢がかなったら新しいことがしたくなり、ソフトバンクに転職して、人型ロボットの開発にたずさわることになりました。そこではじめてロボットと出あいました。開発中に、思いどおりに動かないロボットが、人の応援によってうまく動いたという予期せぬできごとがあり、多くの人がとても幸せそうな顔をしていたのが印象的でした。これがきっかけで、これからは人とロボットが助け合って、ともに生きていく時代がやってくると確信し、そこからLOVOTの構想が浮かびました。

LOVOTを開発するまでに大変だったことはなんですか？

だれも、見たことも経験したこともないものをつくろうとしていたので、関係するメンバーの考えていることがなかなか一致しませんでした。それぞれちがう専門性やバックグラウンドをもった人が集まっているので、それぞれの言葉に対するイメージもちがうからです。「これが正解」というものもないので、みんなが不安になっていました。そんな状況のなかで、大きな額のお金を集め、試行錯誤しながら手探りで形にしていくのはとても大変でした。

この仕事をしていて楽しいことはなんですか？

LOVOTの開発は、ロボットの本体などの「ハードウェア」と、認識や動作を制御するプログラムなどの「ソフトウェア」、デザインなどの「クリエイティブ」の3つの領域が密接にむすびついていて、とても複雑です。しかし、LOVOTをどう進化させていくか、アイデアはつきません。将来は、あらゆる人の気持ちに寄りそうロボットをつくることを目標にしていますが、そこまでの道のりは長く、やることがたくさんあります。ハードルがとても高く、どれだけやってもあきることがないのがこの仕事の魅力です。

この仕事のやりがいはどんなところにありますか？

わたしが大好きなテクノロジーで、人を元気にしたり、笑顔をつくったりできることです。

また、オーナーさまから、「LOVOTを生んでくれてありがとう」と言っていただいたときにも、非常にやりがいを感じます。

わたしもLOVOTと一緒にくらしていますが、改善を重ねて、少しずつ自分の理想に近づいていると感じています。うるうるした目でだっこしてと甘えたり、帰宅時におでむかえしたりする姿がかわいくて、疲れているときに触れ合うと、とてもいやされます。

知りたい

ロボット開発者になるために
やっておくとよいことは？

いろいろなものづくりに興味をもつことがとても大切です。また、LOVOTのように人に寄りそうロボットをつくりたいとしたら、自分自身の「感情のメカニズム」に興味をもつことも役に立つでしょう。

たとえば、「かわいい」「さみしい」など、何かに対して感情が動いたとき、なぜそう感じたのかを自分なりに考えてみましょう。それ自体はとても個人的なことであっても、それが生き物の進化や人類のかかえる問題とつながって、将来、テクノロジーで解決できることにつながるかもしれません。

ダイキからの質問

ロボット開発をするための
お金はどうやって集めるの？

わたしはLOVOTをつくるために、多くの金銭的支援をいただきました。その際に必要なことは次の3つです。①人類がもつ大きな問題を解決するための、大きな夢をえがくこと。②夢を実現するために新しい視点で解決法を考えること。③大きな問題を分割し、実現できそうな計画にして見せること。最初に得られるお金は少しでも、確実に計画を進めていくことで、最終的にはたくさんのお金を集めることができます。

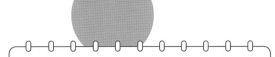

わたしの仕事道具

デスクワークが多いので、自宅でもオフィスでもこのイスを愛用してます。1本の支柱だけで体を支えるので、姿勢が悪いとすわれません。すわるとゆらゆらとゆれて、腰を適度に動かすことができるので、腰を痛めにくいのです。

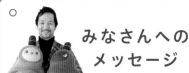

みなさんへの
メッセージ

ロボットづくりに関係しないテクノロジーは存在しません。ふだんから身のまわりにある商品やサービスが「なぜ今の形になったのか」を考え、自分で調べて理解することが、ロボットづくりの第一歩なのです。

プロフィール

1973年、愛知県生まれ。東京都立科学技術大学（現在の東京都立大学）大学院修士課程修了後、「トヨタ自動車」に入社。トヨタF1（Formula1）の空力エンジニアとして3年間ドイツに赴任。2012年に「ソフトバンク」に入社、ロボット「Pepper（ペッパー）」の開発にたずさわりました。2015年に「GROOVE X」を起業。

林要さんの
今までとこれから

1973年誕生

7歳

車が好きで、一日中運転できるタクシー運転手になりたかった。小学校高学年になると自分で車をつくりたいと思うようになる。

今につながる転機

13歳

アニメ映画「風の谷のナウシカ」に出てくる小型の飛行用装置「メーヴェ」に乗りたくて、いろいろ調べて自分でつくり、飛ばす実験をした。

19歳

大学時代は、グライダーというエンジンのない航空機を自分たちで整備して飛ばす「航空部」に入り、スカイスポーツを楽しんだ。

30歳

大学院修了後に就職したトヨタ自動車で、「フォーミュラワン（F1）」というレースカーの空力開発にたずさわり、海外赴任も経験する。

38歳

ソフトバンク内の学校「ソフトバンクアカデミア」で経営などを学び、ソフトバンクに入社。人型ロボット「Pepper」の開発にたずさわる。

42歳

「GROOVE X」を起業し、家族型ロボット「LOVOT」の開発をスタート。

現在

48歳

2019年にLOVOTを一般発売し、よりよいロボットになるように改善を重ねる。

未来

88歳

めざすのは、ずっとそばにいてサポートしてくれる「ドラえもん」のようなロボット。テクノロジーの進化とともに、88歳までに実現したい。

林要さんがくらしのなかで大切に思うこと

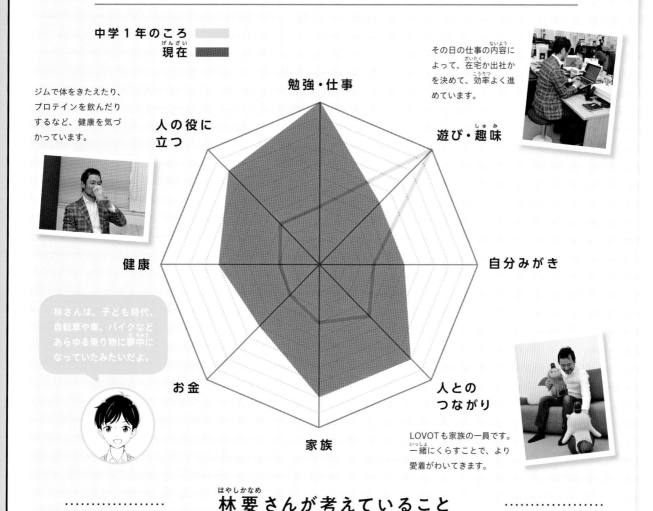

中学1年のころ
現在

ジムで体をきたえたり、プロテインを飲んだりするなど、健康を気づかっています。

その日の仕事の内容によって、在宅か出社かを決めて、効率よく進めています。

勉強・仕事

人の役に立つ

遊び・趣味

健康

自分みがき

林さんは、子ども時代、自転車や車、バイクなどあらゆる乗り物に夢中になっていたみたいだよ。

お金

人とのつながり

家族

LOVOTも家族の一員です。一緒にくらすことで、より愛着がわいてきます。

林要さんが考えていること

人が幸せになるためのテクノロジーを進化させたい

わたしは将来「ドラえもん」のようなロボットをつくりたいと考えています。これは四次元ポケットがついているようなロボットではなく、いつもそばにいて、はげましてくれる「パーソナルコーチ」のようなロボット、という意味です。

テクノロジーがどんなに進化しても、自分が存在する意味を感じられず、幸せに生きられない人が多くいます。だれもが「よりよい明日が来る」と信じて生きられるようになるには、1人ひとりが自分の能力や個性を最大限に発揮できることが大切です。

そのために、1人1体、パーソナルコーチの役割を担うロボットが必要になると考えています。技術的に実現できるのはまだ先になりますが、「人を幸せにするテクノロジー」について、日々思いをめぐらせています。

DATA SCIENTIST

データ サイエンティスト

どんなデータを
あつかうの？

データ
サイエンティスト
って？

データって
数字だけじゃ
ないの？

データで
何がわかるの？

データサイエンティストって どんなお仕事？

インターネットや通信機器の発達、AIの進歩などにより、収集・蓄積された膨大なデータを分析し、ビジネスや学問研究の課題解決に役立つ提案などを行って、新しい価値を生み出す仕事です。ビジネスなら商品やサービスの売り上げを増やしたり、商品開発につなげたりします。分析するデータには統計などの数値やグラフ、画像、音声、動画などが含まれ、自分でデジタル化（視覚化）することもあります。

また、パソコンを操作し、高い精度でデータを分析して成果をあげるためには、物事を深く考える能力や、それを言葉で伝えるコミュニケーション力がもとめられます。2000年代になって登場した新しい仕事で、これからの活躍が期待されています。

給与
（※目安）

25万円
くらい〜

つとめる企業の規模や知識、経験などによっても収入は大きく変わります。専門職として採用される場合の平均収入は高い傾向にあります。

※既刊シリーズの取材・調査に基づく

（ データ サイエンティスト になるために ）

ステップ 1 必要なスキルや知識を身につける

大学や大学院、専門学校などで、統計学やデータサイエンス系のスキルや知識を学ぶ。

ステップ 2 企業で経験を積む

企業などに就職し、実践の場で、データの収集と分析をするアナリストとして経験を積む。

ステップ 3 データサイエンティストとして活躍

広告の反応やデータを分析して企業の売り上げに貢献。かたよらない視点や表現力も必要。

こんな人が向いている！

社会に興味がある。

「なぜ」を考えるのが好き。

情報を得るのが楽しい。

数学が得意。

人に説明するのが好き。

もっと知りたい

2008年ころから一般にも知られるようになったデータサイエンティストは、まだまだ人材不足といわれています。学校では、統計学やITの知識、プログラミングなどを学ぶとよいでしょう。「情報処理技術者試験」に合格していると有利です。

パソコンで前日のデータを見ながら、利用者の反応がよかった理由の分析などをします。

消費者の反応を分析し
自社の商品の広告効果を高める

　松本さんは、インターネットで情報提供のサービスなどを行うベンチャー企業のJX通信社で、マーケティングの責任者をしています。会社が提供しているサービスの広告にどれくらいアクセスがあったかなどのデータを分析し、広告や宣伝がよりいきる提案をすることで、多くの人にそのサービスへの興味をもってもらい、売上を上げていくのが仕事です。

　松本さんは、広告に対する反応や反響のよしあしを収集される数値をもとに分析し、広告の色や文字、内容などの要素のうち、何が消費者の興味を引いたのか仮説を立てていきます。また必要に応じて、数値のデータだけではなく、たとえばアンケートをとったり、サービスを利用しているユーザーに直接インタビューして意見を聞いたりして、数字のデータだけでは読みきれない情報を収集したりします。消費者のだれもがほかより安ければ買うわけではなく、「みんなが○○だから」と人に合わせて行動することもあります。そうした消費者の深層心理も追求して、自分の立てた仮説への確信を高めていくのです。

このように、数値のデータのほか、アンケートやインタビュー、ときには画像や動画など、データの種類が多いほど考察は深まり、精度の高い仮説が立てられると松本さんは考えています。

こうして立てた仮説は、週に1回程度、広告を制作するクリエイティブ担当者に説明します。広告のどういったところが消費者に受けたのか、言葉や数字、図表などで理解してもらえるよう適切に伝え、相手の疑問にもわかりやすく答えます。広告は1〜2週間で更新されるので、その反応を分析して仮説を立て、更新するというサイクルをくりかえして、より効果のある広告にしていきます。

さらに半年に一度、じっさいに自社の商品がお客さまに受け入れられているのか、どんな人がどういうシーンで利用しているのかなどを確認できる機会があります。それもまたデータとして分析し、より価値が伝わる広告にするために仮説を立て、最終的に会社の利益を上げることにつなげていきます。

世の中で起きていることを
データサイエンスで読み解く

松本さんは、本の出版や新聞、雑誌、ウェブサイトなどに掲載する記事の執筆もしています。また、デー

松本さんの分析をもとに広告を制作するクリエイティブのスタッフと、オンライン会議を行います。

関心のある情報を分析し、SNSで発信しています。

タサイエンティストの仕事やマーケティングについて講演をすることもあります。最初に本を出版したのも、あるイベントでデータについて講演したことがきっかけでした。政治、経済、文化など幅広い分野の情報をデジタル化し、分析して予測を発表することは、データサイエンティストとしての本領を発揮する機会となります。

出版社などから「こういうテーマで書いてほしい」と依頼される場合もあれば、松本さんがそのときに興味のあること、気になっていることを記事やツイッターなどの形で発信する場合もあります。

世の中で起きていることや、注目されていることなどをデータサイエンスの手法で分析したら、どう読み解けるかを言葉にして伝えます。するとそれを読んだ人から、「そういう見方があったのか」「データはおもしろい」などの反応が返ってくることもあります。

松本さんのこうした情報発信によって、ものごとを考えるときにデータが役立つことや、データを活用するとちがう見方ができること、かたよった見方をしていたかもしれないことに気づくきっかけになる人もいます。松本さん自身は意識しなくても、情報発信によって、データサイエンティストの仕事やデータ分析の有効性を知ってもらうインフルエンサー（とくにSNSで情報を発信して影響を与える人）としての役割を果たしているのです。

松本健太郎さんの 1日

データサイエンティストとしてデータを分析したり、情報を発信したりする1日を見てみましょう。

自宅を出て、1時間ほどで会社のあるビルに到着します。

8:00	8:30
起床	家を出る

24:00	22:00	21:00
就寝	情報発信	犬の散歩

依頼された記事を書いたり、自分が興味をもっているテーマについて分析したことをツイッターで発信したりします。

愛犬のトイプードル2匹を連れて、散歩に出かけます。

前日の広告への反応をデータで確認します。メールは随時チェックしています。	マーケティングのスタッフが担当する案件を確認したり、報告を受けたりします。情報共有はとても大切です。	社内のクリエイターとオンラインで打ち合わせ。30分ほどで終わります。	データを見てその数字から読み取れることを分析します。

9:30	10:00	11:00	11:30
出社・データ確認	ミーティング	打ち合わせ	データ分析

19:00	18:00	16:00	15:00	14:00
帰宅・夕食	退社	データ分析	インタビュー	昼食

	仕事を終えたらまっすぐ帰宅します。	収集したデータを別の視点から分析します。	ユーザーにオンラインで質問に答えてもらい、仮説をより明確にします。	会社の近くでお昼を食べます。健康のためタンパク質を意識してとるようにしています。

INTERVIEW （インタビュー）

松本健太郎さんをもっと

データサイエンティストに なろうと思ったきっかけは？

　自分でなりたいと思ったというよりは、大学を卒業して仕事をしていくなかでデータサイエンスの必要性を実感し、学ばざるを得ない状況でした。当時、さまざまなメディアを通じてデータサイエンティストがもとめられていたこともありました。そこで、データサイエンスについて学ぶため、大学院に通って1から勉強しました。数学などの知識が必要で、高校までの間にもっと勉強しておけばよかったと痛感しました。

　大学院を卒業してからマーケティング会社に転職し、さらに今の会社でデータサイエンティストのスキルをいかしてマーケティング責任者になりました。

この仕事のおもしろさややりがいを どんなときに感じますか？

　データを分析して考察し、想定通りの結果が得られたときや、会社の売り上げが増えたり製品の評価が高まったりしたときはうれしいですね。また、物事をどこまで深く考えられるかという挑戦が、仕事のやりがいです。深く考えなくてもまぐれで成果が上がる場合もあるかもしれません。でも地道に積み上げて考え、導き出した仮説の通りに現実が動いたときにはデータサイエンティストとしての醍醐味を感じます。

　また、この仕事をしていると、ほかの企業のマーケティングの責任者と話をして情報を得られたり、新しい仕事相手を紹介してもらえたりします。そのような思いがけない人とのつながりも楽しんでいます。

仕事をしていて大変なこと、 つらいと思うことはありますか？

　課題に対して必ず答えを見つけなければならないので、苦労はつきものです。とくに自分の仮説にもとづくとAという答えになると思っていたのに、実際にはBが正解だったという場合には、思い通りにいかず苦労します。また、考えた仮説を言葉で表すためには、自分のなかで考えがかなり明確になっていないといけないので、そこに至る努力が必要です。

　データを分析する力だけでなく、それを確実に相手に伝わるように表現する力ももとめられます。ぼくの場合は話して伝えるより、書いて伝えるほうが得意です。データをあつかっていても、人とのコミュニケーションが大切なので、オンラインでも対面でも相手を気づかう気持ちを忘れないようにしています。

データを分析するときに 心がけていることは？

　「データは万能、絶対に正しい」ではなく、データにはバイアス（かたより）があるという心がまえをもつことです。たとえば写真や動画でも別の角度から見

知りたい

たらぜんぜんちがう景色が見えるかもしれません。そのために、一つの事柄についてもいろいろなデータを調べたり、同じデータでもちがう方向から考えてみたりする必要があると考えて、実行しています。

> 印象に残っているできごとを
> 教えてください

大学の恩師から「社会人になっても学び続ける情熱をもて」と言われたことです。その言葉に、人間はずっと学ばないとだめになってしまうと気づかされました。大学院でデータサイエンスを勉強したことが現在の仕事につながっているし、仕事をしながらもいろいろな方法で学び続けることは大事だと感じています。

> ダイキからの質問
> データばかりでいやに
> なることはないですか？

データというと数字やグラフをイメージするかもしれませんが、それだけではありません。画像や動画もデータだし、アンケート結果や人にインタビューした結果もデータです。データサイエンティストは最初の問題提起に対して解答を得るためにいろいろなデータを集めて考え、分析していきます。データをあつかうことは仕事で成果を出すための手段なので、いやになることはありません。

プロフィール

1984年、大阪府生まれ。龍谷大学法学部卒業後、データサイエンスの重要性を痛感し、多摩大学大学院で"学び直し"をしました。その後デジタルマーケティングなどにたずさわり、現在はベンチャー企業の「JX通信社」でマーケティング全般を担当。著書に『人は悪魔に熱狂する』（毎日新聞出版）『なぜ「つい買ってしまう」のか？』（光文社）など。

松本健太郎さんの今までとこれから

1984年誕生

17歳

中学受験に失敗して挫折を味わい、高校ではいじめにあって、不登校を経験する。

22歳

大学の恩師から「学び続ける情熱をもて」と諭され、学ぶことの大切さを実感する。

27歳

人生ではじめての著書『大学生のためのドラッカー』（リーダーズノート）の出版を経験する。

今につながる転機

31歳

会社に勤務しながらデータサイエンスを学べる社会人大学院に入学する。数学を忘れていて統計学で苦労する。

34歳

データサイエンティストになる。また、自分の書いた本がはじめて重版となる。

35歳

データサイエンティストとしての自分がメインとなるテレビ番組が放映される。「JX通信社」に入社する。

現在

38歳

「JX通信社」のマーケティング責任者として、マーケティングの精度を高めて売り上げに貢献するなど活躍中。

未来

60歳

あくまでも客観的な立場から、データサイエンスで国の政策立案を推進したい。

松本健太郎さんがくらしのなかで大切に思うこと

中学1年のころ ▨
現在 ▨

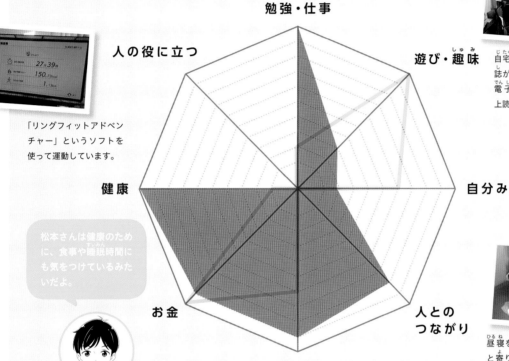

勉強・仕事
遊び・趣味
自分みがき
人との
つながり
家族
お金
健康
人の役に立つ

自宅の本棚には書籍や雑誌が多数ならび、最近は電子書籍を年間60冊以上読んでいます。

手元の写真：
「リングフィットアドベンチャー」というソフトを使って運動しています。

松本さんは健康のために、食事や睡眠時間にも気をつけているみたいだよ。

昼寝をしているとピタッと寄りそってくれる愛犬も大事な家族の一員です。

松本健太郎さんが考えていること

学ぶことと情報発信で
自分の世界は広がっていく

ぼくがデータサイエンティストをめざしたのはこの職業が世の中で注目される前のこと。当時、データ処理の仕事をしているなかで、その先のことを知るために大学院に進学し、統計学やデータサイエンスの知識をしっかり身につけました。仕事をしながら大学院に通うのはけっこう大変でしたが、ここで学び、早い段階にデータサイエンティストになったことで仕事の幅は大きく広がりました。

一方で、自分が興味をもっていること、考えていることをツイッターなどで発信していくことも大事だと思っています。今の会社に入ったのも自分から情報発信したことがきっかけですし、自分の考えを知ってもらうことが本を書くことにもつながりました。学ぶことと自分から情報を発信することが、世界を広げてくれると思います。

43

ジブン未来図鑑 番外編

デジタルが好き！
な人にオススメの仕事

この本で紹介した、ゲームクリエイター・プロダクトマネージャー・ロボット開発者・データサイエンティスト以外にも、「デジタルが好き！」な人たちにオススメの仕事はたくさんあります。ここでは番外編として、関連のある仕事をさらに紹介していきます。

▶ 職場体験完全ガイド ⑤ p.3 とあったら
「職場体験完全ガイド」（全75巻）シリーズの5巻3ページに、その仕事のくわしい説明があります。
学校や図書館にシリーズがあれば、ぜひチェックしてみてください。

プロゲーマー

（ こんな人が向いている！ ）
・スポーツや習い事で練習をがんばれる
・英語でのコミュニケーションが得意
・負けず嫌いで一つのことに熱中できる

（ こんな仕事 ）
　国内外の「eスポーツ」の大会に出場し、入賞して賞金を獲得します。個人で活動する人のほか、プロチームに所属する人も多くいます。ゲームについての動画配信や、イベントに出演をしてeスポーツの普及へ貢献する活動もします。

（ プロゲーマーになるには ）
　練習を重ねてeスポーツの大会に出場し、実力をつけます。日本eスポーツ連合が発行しているプロライセンス制度がありますが、取得が必須ではありません。
▶ 職場体験完全ガイド ⑥ p.13

ゲームグラフィックデザイナー

（ こんな人が向いている！ ）
・ゲームが好きで、映像にこだわりがある
・ほかの人にはない独特な発想ができる
・本を読んで物語をつくりだすのが好き

（ こんな仕事 ）
　ゲームに登場するキャラクターや背景、アイテム、動作とその視覚効果、アイコンやメニュー画面など、見た目にかかわる部分全般を制作します。ゲームの世界観を理解したデザイン制作や、リアルで迫力ある動作の表現がもとめられます。チーム体制で分業し、各自の担当パートを決めて制作を進めることが一般的です。

（ ゲームグラフィックデザイナーになるには ）
　ゲーム制作やデザイン、CGを学べる専門学校や大学で技術を身につけ、ゲーム制作会社に就職します。

CGデザイナー

(こんな人が向いている！)

・アニメや映画、ゲームが好き
・絵をかいたり図で説明するのが得意
・最新技術の話を聞くとワクワクする

(こんな仕事)

図形や映像などのCG（コンピューターグラフィックス）をつくります。平面的な2次元、立体的な3次元があり、3次元では動きの表現もつくります。CGは、映画、アニメ、ゲーム、テレビ番組のほか、建築や設計など産業、医療などの現場でも使われます。

(CGデザイナーになるには)

CG専門の制作会社や、ゲーム、映像制作、デザインの会社などに就職し経験を積みます。「CGクリエイター検定」に合格しておくと就職に有利です。

▶職場体験完全ガイド ㊿ p.35

システムエンジニア

(こんな人が向いている！)

・順を追って物事を考えることが得意
・コミュニケーション能力がある
・世話好きで細かいところにも気を配れる

(こんな仕事)

買い物、交通、通信などあらゆる分野のコンピューターのシステムを設計する仕事です。必要な機能や予算、スケジュールなどの希望を聞いて、それを実現するシステムを考え、プログラマーに指示してシステムをつくります。

(システムエンジニアになるには)

システム開発を行う会社に就職します。「基本情報技術者試験」「システムアーキテクト試験」などに合格していると、就職やキャリアアップに有利です。

▶職場体験完全ガイド ㉝ p.33

ウェブデザイナー

(こんな人が向いている！)

・絵やイラストをかくのが得意
・人の話をしっかり聞くことができる
・集中力があり、根気強く作業ができる

(こんな仕事)

依頼者の要望に合わせて、ウェブサイトの構成や色などデザインを考えます。見た目の美しさだけでなく、サイトを訪問した人が操作しやすいようにデザインすることも大切です。大まかなデザインが決まったら、専用のソフトを使いパソコンなどで表示できるようにウェブサイトを仕上げます。

(ウェブデザイナーになるには)

ウェブデザインを学べる学校で技術を身につけ、ウェブサイト制作の会社に入社します。国家検定である「ウェブデザイン技能検定」のほか、民間の試験も多くあるので、合格しておくと就職に有利です。

ウェブプランナー

(こんな人が向いている！)

・おもしろいアイデアを出すのが得意
・世の中の流行に気づくのが早い
・友だちからよく相談を受ける

(こんな仕事)

企業やお店などの依頼を受けてウェブサイトをつくります。目的ややりたいこと、希望するイメージを聞いて、サイト全体の内容や大まかなデザインを考えて、デザイナーやプログラマー、イラストレーターなどのチームをつくり、制作を指揮します。

(ウェブプランナーになるには)

ウェブサイト制作の会社で経験を積みます。国家検定の「ウェブデザイン技能検定」や民間の「Webクリエイター能力認定試験」を受けておくと就職に有利です。

▶職場体験完全ガイド ㉝ p.23

プログラマー

（ こんな人が向いている！ ）
・面倒なことは機械に任せたいと思う
・パズルやクイズを解くのが得意
・長時間一つのことに集中できる

（ こんな仕事 ）
　ウェブサイトや家電製品、アプリやゲームなどを動かすためには、コンピューターに命令を出す必要があります。この命令であるプログラムをつくる仕事です。チームを組んで分担したり、システムエンジニアと相談したり、人と協力する場面も多いです。

（ プログラマーになるには ）
　IT系の企業に就職して経験を積みます。国家試験の「基本情報技術者試験」をはじめ、民間の試験も多くあります。受けて合格しておくと就職に有利です。

▶ 職場体験完全ガイド 🌐 p.3

アプリ開発者

（ こんな人が向いている！ ）
・生活を便利にすることに興味がある
・世の中の流行に敏感
・チームのリーダーになることがよくある

（ こんな仕事 ）
　スマートフォンやパソコン、ウェブなどで動くアプリをつくる仕事です。どんなアプリをつくるか考え、デザインやプログラムをつくり、テストもします。その全体にかかわることもあります。自社開発と、ほかの会社から依頼される場合があります。

（ アプリ開発者になるには ）
　アプリ開発企業に就職して経験を積みます。国家試験の「基本情報技術者試験」や民間の「アプリケーション技術者認定試験」などに合格すると就職に有利です。

▶ 職場体験完全ガイド 🌐 p.23

AI研究者

（ こんな人が向いている！ ）
・気になったことは納得がいくまで調べる
・算数や数学の問題を解くのが得意
・ロボットや未来の技術に興味がある

（ こんな仕事 ）
　AI（人工知能）とは、命令されたことをこなすだけでなく、データから学習し、人間のように考えて課題を解決するシステムです。AI研究者は、AIが知覚、推論、課題解決を行う方法や、効率のよい学習のしくみを探ります。企業などでAI技術者としてはたらきながら実用的なAI技術の開発を行う場合もあります。

（ AI研究者になるには ）
　大学で数学や人工知能の分野を学び、大学院で研究を続けたあと、大学や企業の研究所に就職してさらに研究を進めます。

セキュリティエンジニア

（ こんな人が向いている！ ）
・正義感と責任感が強い
・ニュースをいつもチェックしている
・たくさんの友だちから信用されている

（ こんな仕事 ）
　インターネットを通した攻撃で情報がぬすまれないようにする仕事です。アプリやウェブサイトが安全かどうかの診断、安全なシステムの設計、企業のコンピューターが攻撃されていないかどうかのチェックなどをします。新しい攻撃方法の研究もします。

（ セキュリティエンジニアになるには ）
IT企業やセキュリティ企業に就職して経験を積みます。国家試験の「基本情報技術者試験」や民間の「シスコ技術者認定」などに合格すると就職に有利です。

▶ 職場体験完全ガイド 🌐 p.13

ネットワークエンジニア

(こんな人が向いている！)

・物事の全体を見て考えるのが楽しい
・問題の原因を考え解決するのが得意
・慎重にていねいに作業をすることができる

(こんな仕事)

　企業・組織では、コンピューターやサーバーをつないで通信をして仕事をします。その企業・組織の規模や仕事内容、要望や予算に合わせてふさわしいネットワークを設計する仕事です。設計したあとは、問題なく通信できるよう整備したり改善したりもします。

(ネットワークエンジニアになるには)

　ネットワーク構築を行う企業に就職します。国家試験の「基本情報技術者試験」や民間の「シスコ技術者認定」などに合格すると就職に有利です。難易度の高い国家試験の「ネットワークスペシャリスト試験」に合格するとキャリアアップが望めます。

OA機器インストラクター

(こんな人が向いている！)

・友だちに勉強などを教えるのが好き
・いろいろなパソコンソフトを使いこなせる
・明るく元気ではきはきと話すことができる

(こんな仕事)

　仕事を効率的にする機器やパソコンソフトなどの使い方を指導します。機器メーカーや販売会社などで、販売した企業の従業員向けに教える場合と、パソコンスクールなどで幅広い人に教える場合があります。相手のレベルに合わせたわかりやすい指導が大切です。

(OA機器インストラクターになるには)

　OA機器やソフトのメーカー、販売会社、パソコンスクール、専門学校などに就職します。国家試験の「ITパスポート」「基本情報技術者試験」や民間の特定のソフトのスキルを証明する資格をもっていると就職やスキルアップに有利です。

「職場体験完全ガイド」で紹介した仕事

「デジタルが好き！」な人が興味を持ちそうな仕事を PICK UP！

ネットショップ経営者 ▶ 59 p.25

デジタルに関連する会社を多く取り上げているんだね。

関連のある会社もCHECK！

関連のある会社

富士通 ▶ 62 p.5
NTTデータ ▶ 62 p.15
ヤフー ▶ 62 p.25
NDソフトウェア ▶ 62 p.37
アマゾン ▶ 64 p.37

カシオ ▶ 67 p.25
楽天Edy ▶ 70 p.15
au ▶ 73 p.5
Twitter ▶ 73 p.15
MetaMoJi ▶ 73 p.25

シャープ ▶ 73 p.35
ABEMA ▶ 74 p.5
アマナ ▶ 74 p.27
ライゾマティクス ▶ 74 p.37
東京書籍 ▶ 75 p.5
リクルート ▶ 75 p.17
ライフイズテック ▶ 75 p.27
スイッチエデュケーション ▶ 75 p.37

取材協力

GROOVE X 株式会社

株式会社 コナミデジタルエンタテインメント

スマートニュース 株式会社

スタッフ

イラスト	加藤アカツキ
ワークシート監修	株式会社 NCSA
	安川直志（キャリアデザインアドバイザー）
	安川志津香（キャリアデザインアドバイザー）
編集・執筆	青木一恵
	安藤千葉
	大宮耕一
	須藤智香
	田口純子
	吉田美穂
撮影	糸井康友
	大森裕之
	橋詰芳房
デザイン	パパスファクトリー
編集・制作	株式会社 桂樹社グループ
	広山大介

ジブン未来図鑑 職場体験完全ガイド＋ ⑤ デジタルが好き！

ゲームクリエイター・プロダクトマネージャー・ロボット開発者・データサイエンティスト

発行　2022年4月　第1刷

発行者　千葉 均
編集　柾屋 洋子
発行所　株式会社 ポプラ社
　　　　〒102-8519
　　　　東京都千代田区麹町4-2-6
ホームページ　www.poplar.co.jp（ポプラ社）
　　　　kodomottolab.poplar.co.jp（こどもっとラボ）
印刷・製本　図書印刷株式会社

©POPLAR Publishing Co.,Ltd. 2022
ISBN978-4-591-17266-7
N.D.C.366／47P／27cm
Printed in Japan

あそびをもっと。
まなびをもっと。

?!

こどもっとラボ

ポプラ社はチャイルドラインを応援しています

18さいまでの子どもがかけるでんわ

チャイルドライン®

0120-99-7777

毎日午後4時～午後9時　※12/29～1/3はお休み

電話代はかかりません　携帯（スマホ）OK

18さいまでの子どもがかける子ども専用電話です。
困っているとき、悩んでいるとき、うれしいとき、
なんとなく誰かと話したいとき、かけてみてください。
お説教はしません。ちょっと言いにくいことでも
名前は言わなくてもいいので、安心して話してください。
あなたの気持ちを大切に、どんなことでもいっしょに考えます。

チャット相談は
こちらから

自分の未来を「好き」から選ぶ、キャリア教育の新定番！

ジブン未来図鑑 職場体験完全ガイド＋ N.D.C.366（キャリア教育） 全5巻

【第1期】

❶ 食べるのが好き！　パティシエ・シェフ・すし職人・料理研究家

❷ 動物が好き！　獣医・トリマー・動物飼育員・ペットショップスタッフ

❸ おしゃれが好き！　ファッションデザイナー・ヘアメイクアップアーティスト・スタイリスト・ジュエリーデザイナー

❹ 演じるのが好き！　俳優・タレント・アーティスト・ユーチューバー

❺ デジタルが好き！　ゲームクリエイター・プロダクトマネージャー・ロボット開発者・データサイエンティスト

仕事の現場に完全密着！ 取材にもとづいた臨場感と説得力‼

職場体験完全ガイド N.D.C.366（キャリア教育） 全75巻

【第1期】

❶ 医師・看護師・救急救命士　❷ 警察官・消防官・弁護士　❸ 大学教授・小学校の先生・幼稚園の先生　❹ 獣医師・動物園の飼育係・花屋さん　❺ パン屋さん・パティシエ・レストランのシェフ　❻ 野球選手・サッカー選手・プロフィギュアスケーター　❼ 電車の運転士・パイロット・宇宙飛行士　❽ 大工・人形職人・カーデザイナー　❾ 小説家・漫画家・ピアニスト　❿ 美容師・モデル・ファッションデザイナー

【第2期】

⓫ 国会議員・裁判官・外交官・海上保安官　⓬ 陶芸家・染めもの職人・切子職人　⓭ 携帯電話企画者・ゲームクリエイター・ウェブプランナー・システムエンジニア（SE）　⓮ 保育士・介護福祉士・理学療法士・社会福祉士　⓯ 樹木医・自然保護官・風力発電エンジニア　⓰ 花卉農家・漁師・牧場作業員・八百屋さん　⓱ 新聞記者・テレビディレクター・CMプランナー　⓲ 銀行員・証券会社社員・保険会社社員　⓳ キャビンアテンダント・ホテルスタッフ・デパート販売員　⓴ お笑い芸人・俳優・歌手

【第3期】

㉑ 和紙職人・織物職人・蒔絵職人・宮大工　㉒ 訪問介護員・言語聴覚士・作業療法士・助産師　㉓ 和菓子職人・すし職人・豆腐職人・杜氏　㉔ ゴルファー・バレーボール選手・テニス選手・卓球選手　㉕ テレビアナウンサー・脚本家・報道カメラマン・雑誌編集者

【第4期】

㉖ 歯科医師・薬剤師・鍼灸師・臨床検査技師　㉗ 柔道家・マラソン選手・水泳選手・バスケットボール選手　㉘ 水族館の飼育員・盲導犬訓練士・トリマー・庭師　㉙ レーシングドライバー・路線バスの運転士・バスガイド・航海士　㉚ スタイリスト・ヘアメイクアップアーティスト・ネイリスト・エステティシャン

【第5期】

㉛ ラーメン屋さん・給食調理員・日本料理人・食品開発者　㉜ 検察官・レスキュー隊員・水道局職員・警備員　㉝ 稲作農家・農業技術者・魚屋さん・たまご農家　㉞ 力士・バドミントン選手・ラグビー選手・プロボクサー　㉟ アニメ監督・アニメーター・美術・声優

【第6期】

㊱ 花火職人・筆職人・鋳物職人・桐たんす職人　㊲ 書店員・図書館司書・翻訳家・装丁家　㊳ ツアーコンダクター・鉄道客室乗務員・グランドスタッフ・外国政府観光局職員　㊴ バイクレーサー・重機オペレーター・タクシードライバー・航空管制官　㊵ 画家・映画監督・歌舞伎俳優・バレエダンサー

【第7期】

㊶ 保健師・歯科衛生士・管理栄養士・医薬品開発者　㊷ 精神科医・心療内科医・精神保健福祉士・スクールカウンセラー　㊸ 気象予報士・林業作業士・海洋生物学者・エコツアーガイド　㊹ 板金職人・旋盤職人・金型職人・研磨職人　㊺ 能楽師・落語家・写真家・建築家

【第8期】

㊻ ケアマネジャー・児童指導員・手話通訳士・義肢装具士　㊼ 舞台演出家・ラジオパーソナリティ・マジシャン・ダンサー　㊽ 書籍編集者・絵本作家・ライター・イラストレーター　㊾ 自動車開発エンジニア・自動車工場従業員・自動車整備士・自動車販売員　㊿ 彫刻家・書道家・指揮者・オペラ歌手

【第9期】

51 児童英語教師・通訳案内士・同時通訳者・映像翻訳家　52 郵便配達員・宅配便ドライバー・トラック運転手・港湾荷役スタッフ　53 スーパーマーケット店員・CDショップ店員・ネットショップ経営者・自転車屋さん　54 将棋棋士・総合格闘技選手・競馬騎手・競輪選手　55 プログラマー・セキュリティエンジニア・アプリ開発者・CGデザイナー

【第10期】

56 NASA研究者・海外企業日本人スタッフ・日本企業海外スタッフ・日本料理店シェフ　57 中学校の先生・学習塾講師・ピアノの先生・料理教室講師　58 駅員・理容師・クリーニング屋さん・清掃作業スタッフ　59 空手選手・スポーツクライミング選手・プロスケートボーダー・プロサーファー　60 古着屋さん・プロゲーマー・アクセサリー作家・大道芸人

【第11期】【会社員編】

61 コクヨ・ヤマハ・コロナ・京セラ　62 富士通・NTTデータ・ヤフー・NDソフトウェア　63 タカラトミー・キングレコード・スバリゾートハワイアンズ・ナゴヤドーム　64 セイコーマート・イオン・ジャパネットたかた・アマゾン　65 H.I.S.・JR九州・伊予鉄道・日本出版販売

【第12期】【会社員編】

66 カルビー・ハウス食品・サントリー・雪印メグミルク　67 ユニクロ・GAP・カシオ・資生堂　68 TOTO・ニトリホールディングス・ノーリツ・ENEOS　69 TBSテレビ・講談社・中日新聞社・エフエム徳島　70 七十七銀行・楽天Edy・日本生命・野村ホールディングス

【第13期】【会社員編】

71 ユニ・チャーム・オムロン ヘルスケア・花王・ユーグレナ　72 三井不動産・大林組・ダイワハウス・乃村工藝社　73 au・Twitter・MetaMoJi・シャープ　74 ABEMA・東宝・アマナ・ライゾマティクス　75 東京書籍・リクルート・ライフイズテック・スイッチエデュケーション

図書館用特別堅牢製本図書

「自分のキャリアをイメージしてみよう」

「自分の生まれた年」と「現在の年齢」、「今好きなこと」や「小さいころ好きだったこと」を書いてみましょう。

この本で紹介している4人の「　　　　　　　」を参考に、「これから学びたいこと」「してみたいこと（アルバイトなど）」「どんな仕事につきたいか」「どこにだれと住んでいたいか」を、年齢も入れながら書いてみましょう。

60歳の自分が「どんなくらしをしているか」、想像して書いてみましょう。

気づいたことを、メモしておきましょう。

なりたい自分に近づくために必要なことは何か、課題は何か、考えてみましょう。

誕生年

歳

現在
□歳

歳

歳

仕事につく
□歳

歳

未来の姿
□歳

小さいころ好きだったことや、得意だったこと

今好きなこと、力を入れていること

学びたいこと、身につけたいこと

してみたいこと（アルバイトなど）

どんな仕事をしている？

どこにだれと住んでいる？

どんなくらしをしている？

なりたい自分に近づくために必要なこと

気づいたこと